Inhalt

W0233365

Der Fluch

Vor langer Zeit lebte ein Prinz
in einem schönen Schloss.
Er wuchs ohne Mutter auf.
Sein Vater war grausam und
nahm seinem Sohn jede Freude.
So wurde auch der Prinz zu einem
herzlosen Menschen.
Einmal, in einer Gewitternacht,
klopfte eine alte Frau an sein Tor.

Sie bot ihm eine Rose an
im Tausch gegen Schutz für die
Nacht. Aber der Prinz schickte
sie fort. Die Frau war eine
Zauberin. Als Strafe verwandelte
sie den Prinzen in ein Biest.

„Du musst lernen zu lieben
und geliebt zu werden", sprach
sie. „Und zwar bevor das letzte
Blütenblatt der Rose fällt.
Sonst wirst du für immer ein
Biest bleiben."

Abenteuer

Nicht weit von dem Schloss
entfernt lebt Belle.
Sie weiß nichts von dem Biest.
Belle bedeutet „die Schöne"
und dieser Name passt zu ihr.
Doch Belle ist auch sehr klug.
Nichts tut sie lieber, als zu lesen.
Dann träumt Belle von Abenteuern.

Doch in dem Dorf, wo Belle mit ihrem Vater lebt, passiert nie etwas Spannendes.

Gaston, der Angeber, würde Belle gerne heiraten. Aber Belle will ihn nicht. Denn Gaston hält nichts von Büchern.

„Ein fabelhaftes Buch hast du da!", meint er eines Tages zu ihr.

„Hast du es gelesen?", fragt Belle erstaunt.

„Das nicht, aber ... andere
Bücher", stottert Gaston.
Belle schmunzelt. Sie weiß, dass
Gaston kein einziges gelesen hat.
Schnell setzt Belle ihren Weg fort.

Der Künstler

Wenig später kommt Belle
zu Hause an.
Sie lebt mit ihrem
Vater Maurice in einem
hübschen Haus.
Belle findet ihren Vater
in der Werkstatt.
Viele glauben, er wäre
ein bisschen verrückt.
Dabei ist er einfach nur ein
toller Künstler!
Schon von draußen hat Belle
wunderbare Musik gehört.
Maurice arbeitet gerade an
einer Spieluhr.

Belle liebt es, ihm zuzusehen.

Heute hilft sie ihm sogar ein wenig.

Vertieft arbeitet Maurice weiter.

Nach einem kurzen Gespräch

lässt Belle ihn wieder alleine.

Am nächsten Morgen
verabschiedet sich der Vater
von Belle.
Mit Pferd Philippe vor seinem
Karren fährt er zum Markt.
Dort will er seine Uhren verkaufen.
Doch er kommt nie an ...

Das dunkle Schloss

Maurice hat sich völlig
im Wald verirrt.
Plötzlich heulen Wölfe auf.
Er fürchtet sich sehr.
Schnell treibt er Philippe
auf ein großes Tor zu.

Aus dem Nichts ist es aufgetaucht.
Das Tor schwingt quietschend auf.
Ängstlich bleiben die Wölfe
davor stehen. Maurice ist in
Sicherheit! Doch dahinter sieht
er ein dunkles Schloss.
Vorsichtig tritt er ein.
Philippe wartet geduldig draußen.

Auf einem Tisch entdeckt Maurice
eine Tasse mit heißem Tee.
Er will daraus trinken.
Doch plötzlich spricht die Tasse
zu ihm: „Mama sagt, ich darf mich
nicht bewegen."
Das ist zu viel für Maurice.
So schnell wie möglich verlässt
er das Schloss.
Doch etwas hält ihn auf.

Auf dem Weg zum Tor sieht er
eine schöne Rose.
Solch eine hat er Belle
versprochen! Flink pflückt er sie.
Im selben Moment packt ihn ein
großes Biest. Es wirft Maurice
in den Kerker. Voller Angst läuft
Philippe zurück ins Dorf.

Belle, die Mutige

Am nächsten Morgen entdeckt
Belle das Pferd.
Doch der Sattel ist leer.
„Was ist passiert? Wo ist Papa?",
fragt Belle. „Bring mich zu ihm!"
Philippe hat große Angst vor den
Wölfen. Aber er vertraut Belle.
Also führt er sie bis zum Schloss.

Mutig öffnet Belle das hohe Tor.

Im Schloss ist zunächst alles ruhig.

Doch dann hört Belle leise
Stimmen.

„Wer ist da?", ruft sie laut.

Entschlossen steigt Belle die
Treppe in einen Turm hinauf.
Ihr Herz klopft schnell.
Die Treppe führt zum Kerker!

Gefangen

Im Kerker findet Belle ihren Vater.
Er ist dort eingesperrt.
„Du musst von hier verschwinden!",
warnt Maurice seine Tochter.
Aber es ist bereits zu spät.
Das Biest hat Belle aufgelauert.
„Was tust du hier?", knurrt es.

Belle zeigt ihre Angst nicht.

„Lass meinen Vater sofort frei!",
fordert sie.

Doch das Biest lehnt ab.

„Dann lass mich wenigstens Auf
Wiedersehen sagen!", bittet Belle.

Das Biest ist einverstanden.
„Sobald sich die Tür schließt,
bist du gefangen!", fügt es hinzu.
Belle nickt nur.
Im letzten Moment schubst sie
ihren Vater aus der Zelle.
Maurice ist nun frei.
Und sie ist gefangen!

Der verbotene Raum

Zurück im Dorf erzählt Maurice, dass im Wald ein Biest lebt. In einem versteckten Schloss. Alle lachen den alten Mann aus. Nur Gaston nicht. Er will sich gut mit Maurice stellen, um Belle zu heiraten. Jetzt hat er endlich auch einen Plan.

Von all dem ahnt Belle im Schloss
nichts. Sie hat ein eigenes Zimmer
bekommen. Es ist wunderschön!
Dort trifft sie Madame Pottine,
eine sprechende Teekanne.
Und auch deren Sohn Tassilo,
die kleine Teetasse, sowie viele
andere sprechende Gegenstände.
Sie alle sind verwunschene
Menschen, die von der Zauberin
verwandelt wurden.

Das Biest hat Belle verboten,
den Westflügel zu betreten.
Doch Belle hält sich nicht daran.
In einem Zimmer findet sie
die Rose der Zauberin.
Belle will sie berühren.
Doch da erschallt lautes Gebrüll.
Das Biest hat Belle entdeckt!

Flucht aus dem Schloss

Das Biest ist furchtbar böse.
„Was machst du hier? Was hast du
angestellt?", brüllt es. „Du hättest
Schlimmes anrichten können!
Was hast du dir nur dabei
gedacht? Raus!"
Belle ist völlig außer sich.
Obwohl ein Schneesturm wütet,
flieht sie aus dem Schloss.

„Versprechen hin oder her",
sagt sie sich. „Hier kann ich
nicht bleiben! Ich gehe fort!"
Zum Glück wartet Philippe
noch immer vor dem Tor.
Weit kommen die beiden
aber nicht.

Ein Rudel Wölfe kreist sie ein.

Da taucht das Biest auf.

Es kann die Wölfe verjagen.

Doch sie verletzen es schwer.

Belle bringt es ins Schloss.

Sie verbindet seine Wunden.

Die Tage vergehen.

„Danke, dass du mich
gerettet hast", sagt Belle
zu dem Biest.

„Danke, dass du mich zurück ins
Schloss gebracht hast", murmelt
das Biest. Es sind seine ersten
freundlichen Worte seit Jahren.

Neue Hoffnung

Belle gewöhnt sich immer mehr
an das Leben in dem seltsamen
Schloss. Sie putzt die Fenster
und räumt auf, besonders den
Ballsaal. So gefällt es ihr
schon viel besser.

Auch das Biest ist nicht mehr so gemein wie früher.
Oft sieht es Belle mit großen Augen an. Abends sitzen die beiden häufig zusammen.
Manchmal sehen sie nur schweigend in den Wald.
Belle fühlt sich sehr wohl.

Madame Pottine und all die
anderen sehen ihnen zu.
Wird der schlimme Fluch
doch noch gebrochen?
Die Bewohner haben wieder
Hoffnung.

Der Tanz

Das Biest lädt Belle
zu einem Abendessen ein.
Dazu hat es sich in einen
feinen Anzug gezwängt.
Auch Belle sieht fantastisch
in ihrem gelben Kleid aus!
Das Biest bittet Belle zum Tanz.
In ihrem Kleid leuchtet sie
wie die Sonne. Das Biest liebt
Belle, das fühlt es nun.
„Könntest du hier glücklich
werden?", fragt es.
„Kann man glücklich sein, wenn
man nicht frei ist?", antwortet Belle.
„Und ich vermisse meinen Vater!"

Das Biest reicht Belle einen
magischen Spiegel.
Darin sieht Belle ihren Vater
im Dorf.
Er ist in einem Wagen eingesperrt.
Belle ist verzweifelt.
Sie muss ihm helfen!

Da lässt das Biest Belle gehen.
Doch als sie aus dem Schloss
reitet, ist es sehr traurig.
Nur noch ein letztes Blatt
ist an der Rose.
Und seine große Liebe
verlässt ihn!

Sturm auf das Schloss

Belle ist geschockt.
Ihr Vater soll ins Irrenhaus
gebracht werden!
Gaston will die Sache aufklären,
wenn Belle ihn heiratet!
„Nie!", antwortet Belle.
„Das Biest gibt es wirklich.
Es ist freundlich und gütig!"

Da wird Gaston eifersüchtig.
Er fordert alle auf, mit ihm in
den Wald zu kommen.
Das Biest muss getötet werden!
Gaston sperrt nun auch Belle ein.
Dann zieht das ganze Dorf
mit Fackeln zum Schloss.
Madame Pottine warnt das Biest.
Aber es will sich nicht wehren.

Ohne Belle hat sein Leben
sowieso keinen Sinn mehr.
Die Leute aus dem Dorf brechen
das Schlosstor auf.
Doch Tassilo und all die anderen
können sie vertreiben.
Nur Gaston bleibt im Schloss.
Er findet das Biest im höchsten
Turm. Also greift Gaston es an!

Das letzte Rosenblatt

Rückwärts fällt das Biest auf
das Dach eines Turmes.
Aber es ist nur verletzt.
Gaston will weiterkämpfen.
Er ist sich siegessicher.
Da kommt Belle angerannt.
Sie konnte entkommen.
„Nein!", ruft sie laut.

„Belle!", stammelt das Biest.
Der Anblick seiner Liebe gibt
ihm Kraft. Doch Gaston verletzt es
schwer. Das Biest fällt zu Boden.
Plötzlich bricht die Brücke,
auf der Gaston steht.
Er stürzt in die Tiefe. Belle
weint nun sehr um das Biest.
„Bitte komm zurück!", schluchzt
sie. „Ich liebe dich!"

Doch das letzte Rosenblatt ist bereits gefallen. Alle Hoffnung scheint verloren.

Da taucht die Zauberin auf. Sie befreit das Biest und die Bewohner doch noch von dem Zauber. Aus den Gegenständen und Möbeln werden wieder richtige Menschen!

Vor Belle steht nun ein
wunderschöner Prinz.
Zur Feier des Tages gibt es
ein großes Fest. Der Prinz und
Belle tanzen miteinander.